Hitra in enostavna kuharska knjiga obrokov v skodelici za mikrovalovno pečico

Odkrijte vrhunsko zbirko več kot 100 slastnih in hranljivih receptov za pripravo v skodelici za mikrovalovno pečico, kot nalašč za zaposlene ljudi na poti!

Indrek Laur

Avtorski material ©2023

Vse pravice pridržane

Brez ustreznega pisnega soglasja založnika in lastnika avtorskih pravic te knjige ni mogoče uporabljati ali distribuirati na kakršen koli način, v obliki ali obliki, razen kratkih navedkov, uporabljenih v recenziji. Ta knjiga se ne sme obravnavati kot nadomestilo za zdravniški, pravni ali drug strokovni nasvet.

KAZALO

KAZALO 3
UVOD 7
ZAJTRK IN MALICA 8
   1. Sirna omleta v mikrovalovni pečici 9
   2. Umešana jajca s šunko 11
   3. Ananas kokosova ovsena kaša 13
   4. Zajtrk s kvinojo 15
   5. Jagode in oves 17
   6. Vroči lososovi napihnjenci 19
   7. Pica toast 21
   8. Dvojni jagodni francoski toast 23
   9. Ovsena kaša iz banane in arašidovega masla 25
   10. Zajtrk Polenta z jagodami 27
   11. Malinova ovsena kašaz Javorjem 29
   12. Umešana jajca s šunko 31
   13. Kompot z žitnim vrhom 33
   14. Ananas kokosova ovsena kaša 35
   15. Mafin z ovsenimi jagodami 37
   16. Poširano jajce na toastu 39
   17. rjavi rižz datumi 41
   18. Zajtrk s kvinojo 43
   19. Sirne tunine palačinke 45
   20. Češnjeva mikrovalovna granola 47
PRIGRIZKI 49
   21. Špinačne kroglice v mikrovalovni pečici 50
   22. S slanino zaviti sirarski psi 52

23. Banane oblite s čokolado 54
24. Sadni grozdi orehov 56
25. Preste Metuljčki 58
26. Čokoladno sadje 60
27. Corny pečen krompir 62
28. Sirni nachos 64
29. Kroglice s slanino iz kozjega sira 66
30. Chex blatni prijatelji 68
31. Granola ploščica z marelicami 70
32. Pizza v mikrovalovni skodelici 72
33. Cheesy Dip 74
34. Hot dog z medeno gorčico 76

SENDVIČ IN ZAVITKI 78
35. Burrito s piščancem in ananasom 79
36. Edamame obloge 81
37. Sendvič s kislim zeljem 83
38. Mehiški zelenjavni burger 85
39. Hamburger Sir na žaru 87

GLAVNE JEDI V MIKROVALOVI 89
40. TexMex Skodelica 90
41. Začinjene korejske mesne kroglice 92
42. Mesne kroglice s parmezanom 94
43. Piščanec na žaru 96
44. Mangova ponedeljkova mesna štruca 98
45. Polpete z gobami v mikrovalovni pečici 100
46. Lazanja v skodelici 102
47. Pesto testenine 104
48. Lepljiv piščanec 106
49. Jajčno ocvrt riž v skodelici 108

50. Piščančji parmezan 110

51. Pečena šunka in jabolka 112

52. Fižol z razliko 114

53. Goveji bourguignonne 116

54. Črnooki grah v mikrovalovni pečici 118

55. Z brokolijem polnjen piščanec 120

56. Brstični ohrovt z mandlji 122

57. Piščanec z gobami 124

58. Kuskus v mikrovalovni pečici 126

59. Jagnječji kotleti z brusnično pomarančo 128

60. Topli arašidovi rezanci 130

61. Lazanje s polento 132

62. Sloppy Joe s svinjino 134

63. Piščanec "Potpie" 136

64. Piščanec in špageti 138

65. Testenine s čedarjem 140

66. Enolončnica s tuninimi rezanci 142

67. Pasticio 144

68. Svinjina s koruzo in mladiči 146

69. Začinjene korejske mesne kroglice 148

70. Mesne kroglice s parmezanom 150

71. Začinjen kitajski tofu 152

72. Mehiška kvinoja s koruzo 154

JUHE, ENOLOČNICE IN ČILI 156

73. Brokolijeva sirna juha 157

74. Bučno-pomarančna juha 159

75. Pikantna italijanska juha iz leče 161

76. Miso juha 163

77. Čili iz govedine in fižola 165

78. Enolončnica s testeninami, fižolom in paradižnikom 167

79. Enolončnica iz buč in čičerike 169

80. Juha s tortelini 171

SOLATE IN PRILOGE 173

81. Želodova buča s pinjolami 174

82. Dušen stročji fižol 176

83. Brokoli v mikrovalovni pečici 178

84. Krompir s karijem 180

85. Čebulni sirni krompir 182

86. Kvinojina solata s pestom 184

87. Kitajska solata iz rjavega riža 186

SLADICE V MIKROVALOVI 188

88. Brazilska banana 189

89. Otroška funfetti torta 191

90. Browniji v mikrovalovni pečici 193

91. Cimetovi jabolčni obročki 195

92. Rocky Road Bites 197

93. Pečeno sladkarije Jabolčno presenečenje 199

94. Okusen jabolčni hrustljavček 201

95. Mini čokoladna torta 203

96. Dvojna čokoladna torta 205

97. Torta iz skodelice sladkornega piškota 207

98. Bučni angleški mafini 209

99. Cheddar in zeliščni piškoti 211

100. Špagetna pita 213

ZAKLJUČEK 215

UVOD

Ste vedno na poti in težko najdete čas za pripravo pravega obroka? Ali morda živite v študentski sobi ali majhnem stanovanju brez dostopa do polne kuhinje? Če je tako, potem je ta kuharska knjiga za vas! Predstavljamo vam kuharsko knjigo z več kot 50 okusnimi in preprostimi obroki, ki jih lahko skuhate v samo nekaj minutah s preprosto skodelico in mikrovalovno pečico. Ne glede na to, ali hrepenite po toplem zajtrku, hitrem kosilu ali zadovoljivi večerji, vas bo ta kuharska knjiga pokrila. Poslovite se od dolgočasnih, nezdravih obrokov in pozdravite hitre, okusne in hranljive jedi, ki jih lahko pripravite v kratkem času.

V tej kuharski knjigi boste našli recepte za vse, od sendvičev za zajtrk in omlet do juh, enolončnic in testenin. S kuharsko knjigo Microwave Mug Meals Cookbook boste lahko skuhali različne okusne jedi z uporabo samo skodelice, mikrovalovne pečice in nekaj preprostih sestavin. Ti obroki so kot nalašč za vse, ki iščejo hitre in preproste možnosti obroka, ki so hkrati zdravi in zadovoljivi. Ne glede na to, ali ste zaposlen študent, zaposlen poklic ali zaposlen starš, je ta kuharska knjiga popolna rešitev za vaše potrebe po obroku.

ZAJTRK IN MALICA

1. **Omleta s sirom v mikrovalovni pečici**

Dobitek: 2 porciji
Sestavina
- 3 velika jajca
- ⅓ skodelice majoneze
- 2 žlici margarine
- ½ skodelice sira Cheddar -- nastrganega
- drobnjak
- Črne olive -- narezane

V manjšo skledo damo rumenjake in z istimi stepalniki stepemo rumenjake, majonezo in 2 žlici vode.

Rumenjakovo mešanico nežno vlijemo k beljakom in previdno premešamo.

Stopite margarino v 9-palčnem krožniku za pite in zavrtite, da jo premažete v notranjosti.

Jajca previdno vlijemo v krožnik za pito. Pogrevajte v mikrovalovni pečici na srednji temperaturi 5 do 7 minut

Nastrgan sir potresite po jajcih in postavite v mikrovalovno pečico na srednji temperaturi od 30 sekund do 1 minute.

Potresemo z nasekljanim drobnjakom in olivami, nato pa z lopatko hitro potegnemo po stenah in dnu posode. Polovico omlete prepognemo čez drugo polovico. Postavite na servirni krožnik.

2. Umešana jajca s šunko

SESTAVINE:
- Sprej za kuhanje proti prijemanju
- ½ skodelice na tanke rezine narezane šunke
- 3 žlice naribanega švicarskega sira
- 2 jajci
- 1 čajna žlička dijonske gorčice
- ⅛ čajne žličke košer soli
- 3 mleti črni poper
- Mlet svež drobnjak

NAVODILA:
a) Notranjost 16 unč skodelice popršite s pršilom za kuhanje.
b) V skledi zmešajte vse sestavine in jih prelijte v skodelico.
c) Pokrijte in postavite v mikrovalovno pečico 1½ minute.
d) Z vilicami razdrobite jajčno mešanico, nato ponovno pokrijte in postavite v mikrovalovno pečico še približno 30 sekund.

3. Ananas kokosova ovsena kaša

SESTAVINE:
- 1 skodelica kokosovega mleka v pločevinki, dobro pretresena
- ½ skodelice zamrznjenih koščkov ananasa
- ½ skodelice ovsa za hitro kuhanje
- 1 žlica naribanega nesladkanega kokosa
- 2 čajni žlički javorjevega sirupa
- ⅛ čajne žličke košer soli
- 1 žlica drobno sesekljanih indijskih oreščkov

NAVODILA:
a) V skledi zmešajte kokosovo mleko, ananas, oves, kokos, sirup in sol.
b) Nalijte v skodelico za 16 unč.
c) Pokrijte in pečite v mikrovalovni pečici, dokler ne postane kremasto, približno 3 minute in pol.
d) Potresemo z oreščki.

4. **Zajtrkovalnica s kvinojo**

SESTAVINE:
- Sprej za kuhanje proti prijemanju
- 2 žlici ovsenih kosmičev, ki se hitro kuhajo
- 2 žlici kuhane kvinoje
- 2 žlici drobno sesekljanih pistacij
- 2 žlici sladkanih posušenih češenj
- 2 žlici rastlinskega olja
- 2 žlici medu
- ¼ čajne žličke košer soli

NAVODILA:
a) Notranjost 12 unč skodelice popršite s pršilom za kuhanje.
b) Vse sestavine zmešajte v skledi, nato pa jih prelijte v skodelico.
c) Pokrijte in pečite v mikrovalovni pečici, dokler se oves ne skuha, približno 3 minute.
d) Vročo mešanico vlijemo na kos pergamenta in jo oblikujemo v pravokotno ali ozko tradicionalno ploščico.
e) Ohladite do hladnega in trdnega, 30 minut ali več.

5. **Jagode in oves**

SESTAVINE:
- ¾ skodelice vode
- ¾ skodelice ovsenih kosmičev
- ⅓ skodelice mešanega jagodičevja

NAVODILA
a) V mikrovalovni pečici zavrite vodo
b) Odstranite, vmešajte oves in vrnite v mikrovalovno pečico za 1 minuto.
c) Razporedite na krožnik z mešanimi jagodami.

6. Vroči lososovi napihnjenci

Naredi: 8 obrokov

SESTAVINE:
- 15½ unč konzerviranega lososa
- 1 skodelica vode
- ½ skodelice masla
- 12 kapljic vroče omake
- ¼ čajne žličke soli
- 1 skodelica moke
- 4 jajca
- 2 žlici drobnjaka, mletega
- 1 skodelica kisle smetane
- 1 žlica hrena
- 2 žlici limoninega soka
- ½ čajne žličke sladkorja
- ¼ čajne žličke soli
- ¼ čajne žličke sveže naribane limonine lupinice
- črtica Beli poper

NAVODILA:
a) Lososa odcedimo, odstranimo kožo in kosti.
b) V ponvi zmešajte vodo, maslo, pikantno omako in sol.
c) Na močnem ognju zavrite do konca.
d) Dodajte vso moko.
e) Nenehno mešajte na srednjem ognju približno 3 minute ali dokler se omaka ne zgosti in ne zapusti sten ponve.
f) Odstranite z ognja in vmešajte 4 jajca, enega za drugim, dokler ne postane gladka in sijajna.
g) Vanjo stresite drobnjak in lososa.
h) Vse mešajte, dokler ni gladko. Pustite 15 minut, da se ohladi.
i) V ponvi segrejte 3 cm olja na 370 stopinj Fahrenheita.
j) V vroče olje previdno potopite žličke lososove mešanice.
k) Cvremo 3 minute, občasno obračamo, dokler ne zlato porumenijo.
l) Odcedimo na papirnatih brisačah in nato postrežemo.

7. **Pica toast**

Naredi: 2

SESTAVINE:
- 2 rezini večzrnatega kruha
- 2 žlici paradižnikove paste brez dodane soli
- ½ skodelice mocarele
- ¼ skodelice narezanega ananasa
- 2 rezini šunke, sesekljane

NAVODILA:
a) Na rešetko na emajliranem pladnju razporedite 2 rezini kruha.
b) Pečemo na žaru 1 4 minute, obrnemo in pečemo na žaru še 2 minuti.
c) Toast namažite s paradižnikovo pasto in potresite z naribano mocarelo ter na vrh položite šunko in ananas.
d) Kuhajte na Combi 1 4 minute ali dokler se sir ne stopi in začne rjaveti.
e) Narežite in postrezite s prilogo iz zelenjave in narezanega sadja.

8. Dvojni jagodni francoski toast

- Sprej za kuhanje proti prijemanju
- ¼ skodelice mleka
- 1 veliko jajce
- 1 žlica javorjev sirup
- ⅛ žličke košer sol
- ⅛ žličke mleti cimet
- 1 čajna žlička čisti ekstrakt vanilje
- 1 skodelica 1-palčnih kosov rogljička, brioša ali zvitka s čalo
- 1 žlica malinove konzerve
- 10 svežih jagod, kot so maline, za serviranje

Razpršite notranjost 12-oz. skodelica s pršilom za kuhanje.
Zmešajte mleko, jajce, 1 žličko. sirupa, soli, cimeta in vanilije v majhni do srednji skledi. Dobro pretlačimo z vilicami. Dodamo kruh in mešamo, namakamo 2 minuti.
Medtem v skodelico z žlico stresite konzerve. Na vrh položite namočene kose kruha (preostalo tekočino zavrzite).
Pokrijte in segrevajte v mikrovalovni pečici, dokler se tekoča mešanica ne strdi, približno 2 minuti (lahko je vidno nekaj jajčnega beljaka). Prelijemo s preostalim sirupom in jagodami.

9. **Ovsena kaša iz banane, arašidovega masla**

- ½ skodelice mleka
- 1 pretlačena zelo zrela banana (malo ½ skodelice)
- ¼ skodelice ovsa za hitro kuhanje
- 1 žlica kremasto arašidovo maslo
- 1 čajna žlička med
- ½ žličke čisti ekstrakt vanilje
- ⅛ žličke košer sol
- ⅛ žličke mleti cimet

Združite vse sestavine v majhni skledi in dobro premešajte. Nalijte v 12-oz. skodelica.
Pokrijte in pečite v mikrovalovni pečici, dokler se oves ne skuha, približno 2 minuti.

10. Zajtrk Polenta z jagodami

- ½ skodelice zamrznjenih mešanih jagod (neodmrznjenih)
- 1 žlica konzervirane jagode (poljubnega okusa)
- Približno ½ tube predkuhane polente, narezane na ½ palca debele kolobarje
- ¼ plus ⅛ žličke. mleti cimet
- 1 žlica mleko
- 1 čajna žlička javorjev sirup ali med

Zmešajte jagode in konzerve v majhni skledi.
Postavite en krog polente v 16-oz. skodelico in potresemo z ⅛ žličko. cimeta. Na vrh dajte eno tretjino jagodne mešanice. Plastenje ponovimo še dvakrat, tako da porabimo vso polento, cimet in jagodičevje. Pritisnite plasti in pokrijte. Pecite v mikrovalovni pečici, dokler se ne segreje, približno 4 minute
Prelijemo z mlekom in sirupom.

11. Malinova ovsena kaša z Javorjem

- 1 skodelica mleka
- ½ skodelice ovsa za hitro kuhanje
- ½ skodelice pakiranih svežih malin
- 2 žlici. javorjev sirup
- ¼ žličke mleti cimet
- ⅛ žličke košer sol

V majhni skledi zmešajte vse sestavine in jih prelijte v 16-oz. skodelica.
Pokrijte in pečite v mikrovalovni pečici, dokler se oves ne skuha, približno 2 minuti.

12. Umešana jajca s šunko

- Sprej za kuhanje proti prijemanju
- ½ skodelice ¼-palčne kocke na tanke rezine delikatesne šunke
- 3 žlice. nariban švicarski sir
- 2 veliki jajci
- 1 čajna žlička Dijonska gorčica
- ⅛ žličke košer sol
- 3 mletja črnega popra
- Mlet svež drobnjak ali list peteršilja (po želji)

Razpršite notranjost 16-oz. skodelica s pršilom za kuhanje.
V majhni skledi zmešajte vse sestavine in jih prelijte v skodelico. Pokrijte in postavite v mikrovalovno pečico 1½ minute. Z vilicami razdrobite jajčno mešanico, nato ponovno pokrijte in segrejte v mikrovalovni pečici, dokler niso jajca popolnoma kuhana, še približno 30 sekund.

13. Kompot z žitnim vrhom

- ½ skodelice rezin sveže bele breskve (približno 1 breskev)
- ½ skodelice svežih borovnic
- 1 čajna žlička javorjev sirup
- ⅛ žličke košer sol
- ⅛ žličke mleti cimet
- ½ skodelice nesladkanih žitnih kosmičev
- 2 žlici. narezani mandlji

V majhni do srednji skledi zmešajte breskve, borovnice, sirup, sol in cimet, nato pa prelijte v 16-oz. skodelica. 2. Pokrijte in pecite v mikrovalovni pečici, dokler ni topla in mehka, približno 2 minuti.

Po vrhu potresemo kosmiče in oreščke. Ponovno pokrijte in postavite v mikrovalovno pečico, dokler se preliv rahlo ne segreje, približno nadaljnjih 45 sekund.

14. Ananas kokosova ovsena kaša

- 1 skodelica kokosovega mleka v pločevinki, dobro pretresena
- ½ skodelice zamrznjenih koščkov ananasa
- ½ skodelice ovsa za hitro kuhanje
- 1 žlica nastrganega nesladkanega kokosa
- 2 žlički javorjev sirup
- ⅛ žličke košer sol
- 1 žlica drobno sesekljanih indijskih oreščkov

V majhni do srednji skledi zmešajte kokosovo mleko, ananas, oves, kokos, sirup in sol. Nalijte v 16-oz. skodelica.
Pokrijte in pečite v mikrovalovni pečici, dokler ne postane kremasto, približno 3 minute in pol. Potresemo z oreščki.

15. Ovseni jagodni mafin

- Sprej za kuhanje proti prijemanju
- ¼ skodelice plus ½ čajne žličke. belo polnozrnato moko
- 3 žlice. oves za hitro kuhanje
- ½ žličke pecilni prašek
- ¼ žličke mleti cimet
- ⅛ žličke košer sol
- ¼ skodelice mleka
- 2 žlici. olje žafranike
- 1 veliko jajce
- 1 žlica med
- ½ žličke čisti ekstrakt vanilje
- 3 žlice. sveže borovnice

V majhni skledi z vilicami zmešajte ¼ skodelice moke, oves, pecilni prašek, cimet in sol.
V majhni skledi zmešajte mleko, olje, jajce, med in vanilijo. Suhe sestavine vlijemo v mokre in mešamo, dokler se ne združijo.
V majhni skledi premešajte jagode s preostalo ½ žličke. moko in dodamo v testo. Mešajte le toliko časa, da se združita. Nalijte v skodelico.
Pokrijte in segrevajte v mikrovalovni pečici, dokler ni kuhana na sredini, približno 2½ minuti

16.Оširano jajce na toastu

- 1 veliko jajce
- 1 rezina polnozrnatega kruha, popečenega
- 1 ščepec košer soli
- 2 mletja črnega popra
- Mlet svež drobnjak, narezan avokado ali na majhne kocke narezan paradižnik

Dodajte ½ skodelice vode v 12 oz. skodelica. Jajce nežno razbijte v vodo (naj bo potopljeno). Pokrijte z razmeroma težkim ramekinom ali kozarcem, primernim za uporabo v mikrovalovni pečici, ki se prilega notranjosti vrčka in ostane na vrhu jajca, tako da ga pritisnete navzdol

Pecite v mikrovalovni pečici, dokler beljak ni popolnoma moten in kuhan, rumenjak pa še vedno staljen, približno 1 minuta 45 sekund

Na pult položite čisto brisačo. Poširano jajce z žlico previdno prestavimo na brisačo, da se odcedi. Toast položite na krožnik in nanj potresite poširano jajce. Jajce potresemo s soljo in poprom ter po želji dodamo drobnjak, avokado in paradižnik.

17. rjavi rižž datumi

- ¾ skodelice kuhanega rjavega riža (dolgo ali kratkozrnatega)
- ¼ skodelice mleka
- 3 žlice. svež pomarančni sok
- 1 žlica plus 1 žlička. drobno narezani datlji (približno 2 velika)
- ¾ žličke sveža pomarančna lupina ½ žličke. javorjev sirup
- ⅛ žličke mleti cimet
- ⅛ žličke mleti kardamom
- ⅛ žličke košer sol
- 1½ žlice. pistacije, rahlo opečene in drobno sesekljane

Zmešajte vse sestavine, razen pistacij, v majhni do srednji skledi in prelijte v 16-oz. skodelica.

Pokrijte in pečite v mikrovalovni pečici, dokler se jed ne segreje, približno 2 minuti.

Na vrh potresemo pistacije.

18. Zajtrkovalnica s kvinojo

- Sprej za kuhanje proti prijemanju
- 2 žlici. oves za hitro kuhanje
- 2 žlici. kuhana kvinoja
- 2 žlici. drobno sesekljane pistacije
- 2 žlici. sladkane suhe češnje
- 2 žlici. rastlinsko olje
- 2 žlici. med
- ¼ žličke košer sol

Razpršite notranjost 12-oz. skodelica s pršilom za kuhanje. Vse sestavine zmešajte v majhni do srednji skledi, nato pa jih prelijte v skodelico.

Pokrijte in pečite v mikrovalovni pečici, dokler se oves ne skuha, približno 3 minute. 3. Vročo zmes vlijte na kos pergamenta ali povoščenega papirja in oblikujte v pravokotnik ali ozko tradicionalno palico. Ohladite do hladnega in trdnega, 30 minut ali več.

19. Sirne tunine palačinke

Dobitek: 4 porcije
Sestavina
- 4 palačinke
- ½ skodelice sesekljane zelene
- ¼ skodelice sesekljane čebule
- 1 pločevinka (7 3/4 oz) tune, odcejene
- 2 skodelici zamrznjenega brokolija, narezanega
- 2 skodelici naribanega sira Cheddar

Pripravite palačinke. Postavite brokoli v 1½ qt. enolončnica, primerna za mikrovalovno pečico.

Pokrijte in postavite v mikrovalovno pečico po navodilih; odtok
Vmešajte 1 ½ skodelice sira in preostale sestavine. Mikrovalovna pečica pokrita na visoki 1 minuti.
Spoon na palačinke; zavihamo. Razporedite v kvadratni mikrovalovni krožnik, 8 x 8 x 2"; potresite s preostalim sirom.
Rahlo pokrijte s plastično folijo in postavite v mikrovalovno pečico na visoko temperaturo, dokler se sir ne stopi, 2 do 3 minute⅖ Porcije.

20. Češnjeva mikrovalovna granola

Dobitek: 1 porcija

Sestavina
- 1 skodelica rjavega sladkorja
- ¼ skodelice sladkorja
- ½ skodelice zmehčane margarine
- 2 žlici medu
- ½ čajne žličke vanilije
- 1 jajce
- 1 skodelica moke
- 1 čajna žlička cimeta
- ½ čajne žličke pecilnega praška
- ¼ čajne žličke soli
- 1½ skodelice ovsenih kosmičev za hitro kuhanje
- 1¼ skodelice hrustljavih riževih kosmičev
- 1 skodelica sesekljanih mandljev
- 1 skodelica rozin
- ½ skodelice pšeničnih kalčkov

Namastite 13 x 9-palčni pekač, primeren za mikrovalovno pečico. Sladkor in margarino penasto stepemo

Dodajte med, vanilijo in jajce; dobro premešaj. Zmešajte moko, pecilni prašek in začimbe.

Na koncu vmešamo še preostale suhe sestavine. Prelijemo v posodo. Pecite v mikrovalovni pečici na 6 ali 60 % 7 do 9 minut ali dokler se ne strdi

Posodo obrnite vsake 3 minute. Palice se utrdijo, ko stojijo.

PRIGRIZKI

21. Špinačne kroglice v mikrovalovni pečici

Naredi: 24 obrokov

SESTAVINE:
- 10 unč špinače, zamrznjene
- ¾ skodelice švicarskega sira, nastrganega
- 2 žlici naribanega parmezana
- ¼ skodelice suhih krušnih drobtin
- 1 žlica čebule, naribane
- 1 jajce, pretepeno
- ½ čajne žličke soli

NAVODILA:
a) Paket špinače postavite v mikrovalovno pečico in kuhajte na visoki temperaturi 4 do 5 minut ali dokler ni odmrznjena.
b) Odcedite in močno pritisnite, da iztisnete čim več tekočine
c) Špinačo dobro premešamo s švicarskim sirom in parmezanom, krušnimi drobtinami, čebulo, jajcem in soljo.
d) Oblikujte 1-palčne kroglice, pri čemer za vsako kroglico uporabite 1½ čajne žličke mešanice.
e) Pecite v mikrovalovni pečici na visoki temperaturi 2 minuti
f) Zmanjšajte moč na srednjo ali polovično moč.
g) Pecite v mikrovalovni pečici 5 minut ali dokler se ne segreje in ravnokar strdi, pri čemer preuredite enkrat ali dvakrat

22. S slanino zaviti sirarski psi

Naredi: 4 porcije
SESTAVINE:
- 4 hrenovke
- 4 rezine slanine
- 1 rezina ameriškega sira
- 4 hrenovke
- Gorčica

NAVODILA:
a) Slanino položite na rešetko za mikrovalovno pečico. Pokrijte s papirnato brisačo. Pecite v mikrovalovni pečici na visoki temperaturi 3 minute in pol ali dokler ni skoraj pripravljena.
b) Začnite ½ palca od konca in zarežite vsak hot dog po dolžini. Sir narežemo na 4 trakove in položimo v hrenovke.
c) Slanino ovijte okoli hrenovk in pritrdite z zobotrebci. Odcedite maščobo z rešetke za slanino. Hrenovke položite na rešetko.
d) Pokrijte s papirnato brisačo.

23. Čokoladno oblite banane

Naredi: 1 porcijo

SESTAVINE:
- 10 čvrstih jabolčnih banan
- 10 ploščatih lesenih nabodal
- 1 skodelica polsladkih koščkov čokolade
- 3 žlice masti

NAVODILA:
a) Olupite in odrežite konico vsake banane; v odrezane konce vstavite nabodala. Postavite v zamrzovalnik za 3 ure, dokler ne zamrzne.
b) Tik pred serviranjem v skledo damo čokolado in mast.
c) Pecite v mikrovalovni pečici pri 50 % moči 2½-4 minute ali dokler večina kosov ni sijoča in mehka; dobro premešaj.
d) Banane takoj potopite v čokolado in jih po potrebi obračajte, dokler banane niso prekrite.
e) Po serviranju zavijte in zamrznite vse preostale obložene banane

24. Sadni grozdi orehov

SESTAVINE:
- 1 skodelica vanilijevega ali belega čipsa
- ⅓ skodelice posušenih brusnic
- ⅓ skodelice slanih celih indijskih oreščkov

NAVODILA:
a) V skledi, primerni za mikrovalovno pečico, stopite čips; mešajte, dokler ni gladka. Vmešajte brusnice in indijske oreščke.
b) Po jedilno žlico kapljajte na s pooščenim papirjem obložen pekač.
c) Ohladite, dokler se ne strdi.
d) Hraniti v nepredušni posodi.

25. Preste Metulji

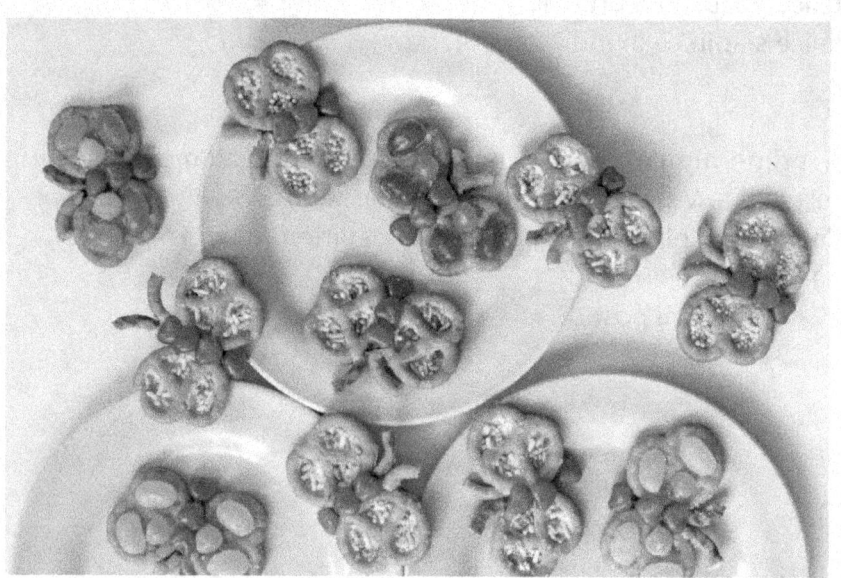

SESTAVINE:
- Mini preste
- Stick preste
- 4 različne barve Candy Melts
- Barvni posip

NAVODILA:
a) Bonbone v mikrovalovni pečici 1 minuto, da se stopijo.
b) Preste pomočite v barve, ki jih želite, nato pa jih razporedite skupaj na pergamentni papir, da naredite metulja ali kačjega pastirja.
c) Paličaste preste gredo na sredino z 2 ali 4 mini preste ob straneh.
d) Potresite vse zabavne okraske iz sladkarij, ki jih imate.
e) Pustite, da se popolnoma ohladi, dokler ni trdna. Postrezite.

26. **Čokoladno sadje**

SESTAVINE:
- 12-unčna vrečka polsladkih čokoladnih koščkov
- 10 jagod
- 2 banani, olupljeni in narezani na kocke
- Palice za nabodala

NAVODILA:
a) Pekač obložite z voščenim papirjem.
b) Čokolado segrevajte v mikrovalovni pečici v skledi, primerni za mikrovalovno pečico, na nizki temperaturi 4 minute, po 1 minuti premešajte. Nadaljujte, dokler se čokolada ne stopi.
c) Sadje enega po enega pomakajte v stopljeno čokolado. Postavite na s papirjem obložen pladenj.
d) Navijte na nabodala in ohladite 20 minut, dokler se ne strdi.

27. Corny pečen krompir

SESTAVINE:
- 1 krompir
- Olje
- Ščepec soli
- 2 žlici naribanega sira
- ⅓ skodelice drobno sesekljane paprike
- 1 žlica koruznih zrn
- 2 žlici kisle smetane, majoneze ali jogurta

NAVODILA:
a) Krompir natremo z malo olja in soli ter vse skupaj prebodemo z vilicami.
b) Krompir položite v posodo, primerno za mikrovalovno pečico, in kuhajte pet minut na visoki temperaturi, dokler se ne zmehča.
c) Krompir narežemo na četrtine, vendar ne prerežemo lupine na dnu, da ostane skupaj.
d) Po dnu potresemo malo sira, nato dodamo papriko in koruzo.
e) Na preostanek sira položite kislo smetano ali majonezo.

28. Sirni nachosi

SESTAVINE:
- 4 unče koruznega tortiljega čipsa
- ½ skodelice salse
- 1 skodelica naribanega sira cheddar ali jack
- Pisani prelivi, kot so listi mlade špinače, rdeči fižol, koruzna zrna, češnjevi paradižniki in narezana paprika

NAVODILA:
a) Koruzni čips razporedite po krožniku, primernem za mikrovalovno pečico.
b) Salso razporedite po koruznem čipsu.
c) Razporedite špinačo, fižol, koruzo, paradižnik in papriko.
d) Čez potresemo sir.
e) Pecite v mikrovalovni pečici na visoki temperaturi 1½ minute, dokler se sir ne stopi.
f) Postrezite z guacamolejem, kislo smetano ali dodatno salso.

29. <u>Kroglice s slanino iz kozjega sira</u>

Naredi: 16

SESTAVINE:
- 6 rezin slanine
- 4 unče kozjega sira
- 4 unče kremnega sira
- 2 žlici sesekljanega timijana ali bazilike
- ¼ čajne žličke črnega popra
- ¼ skodelice pekanov

NAVODILA:
a) V ponvi na zmernem ognju prepražimo slanino.
b) Odstranite na krožnik, obložen s papirnato brisačo, da se odcedi.
c) Rezine potapkajte, da odstranite odvečno maščobo.
d) Medtem ko se slanina peče, v kuhinjskem robotu stepite kozji sir, kremni sir, 1 žlico zelišč in črni poper.
e) Stepamo dokler ne postane kremasto.
f) Kroglice položite na pekač, obložen s pergamentom.
g) Za 20 minut postavimo v zamrzovalnik, da se še malo strdi.
h) Očistite kuhinjski robot. Zdrobite ohlajeno slanino, preostalo jedilno žlico zelišč in pekan orehe.
i) Stepajte, dokler ni zelo fino in drobljivo; mora biti tako fino, kot ga pripravi vaš kuhinjski robot.
j) Sirne kroglice vzamemo iz zamrzovalnika in jih povaljamo v mešanici slanine, ki jo, če se ne prime takoj, pritisnemo s prsti.
k) Kroglice položite v posodo na stran in jih do serviranja ohladite. Postrezite na zobotrebcih ali s krekerji.

30. Chex blatni prijatelji

Dobitek: 9 skodelic

Sestavina
- 9 skodelic Chex žitaric
- 1 skodelica polsladkih čokoladnih koščkov
- ½ skodelice REESE'S arašidovega masla
- ¼ skodelice margarine ali masla
- 1 čajna žlička ekstrakta vanilije
- 1½ skodelice C&H sladkorja v prahu (izbirno)

V veliko skledo nalijte žitarice; dati na stran.

V 1-litrski skledi, primerni za mikrovalovno pečico, zmešajte čokoladne koščke HERSHEY'S, arašidovo maslo REESE'S in margarino. Postavite v mikrovalovno pečico HIGH 1 do 1½ minute ali dokler ne postane gladka, po 1 minuti pa premešajte Vmešajte vanilijo.

Čokoladno mešanico prelijemo čez kosmiče in mešamo, dokler niso vsi koščki enakomerno obloženi. Zmes žitaric nalijte v veliko plastično vrečko GLAD-LOCK, ki jo je mogoče ponovno zapreti, s sladkorjem v prahu C&H. Dobro zaprite in stresajte, dokler niso vsi kosi dobro prevlečeni. Razporedite na povoščen papir, da se ohladi. >>> Nadaljevanje na naslednje sporočilo

31. Granola bar z marelicami

- 2 žlici. oves za hitro kuhanje
- 2 žlici. kuhana kvinoja
- 2 žlici. drobno sesekljane suhe marelice
- 1 žlica drobno sesekljanih indijskih oreščkov
- 1 žlica nesladkan nariban kokos 2 žlici. rastlinsko olje
- 2 žlici. javorjev sirup
- ¼ žličke košer sol

Razpršite notranjost 12-oz. skodelica s pršilom za kuhanje. 2. V majhni do srednji skledi zmešajte vse sestavine. Zmes vlijemo v skodelico.

Pokrijte in pečite v mikrovalovni pečici, dokler se oves ne skuha, približno 3 minute.

Vročo mešanico vlijemo na kos pergamenta ali povoščenega papirja in oblikujemo pravokotnik ali tradicionalno ozko palico. Hladite, dokler se ne ohladi in strdi, 30 minut ali več.

32. Pizza v skodelici za mikrovalovno pečico

Naredi: 1

SESTAVINE:
- 4 žlice večnamenske moke
- ⅛ čajne žličke pecilnega praška
- 1/16 čajne žličke sode bikarbone
- ⅛ čajne žličke soli
- 3 žlice mleka
- 1 žlica olivnega olja
- 1 žlica marinara omake
- 1 velika jedilna žlica naribanega sira mozzarella
- 5 mini feferonov
- ½ čajne žličke posušenih italijanskih zelišč

NAVODILA:
a) Zmešajte moko, pecilni prašek, sodo bikarbono in sol v skodelici za mikrovalovno pečico.
b) Dodamo mleko in olje ter premešamo.
c) Z žlico nanesite omako marinara in jo razporedite po površini testa.
d) Potresemo sir, feferoni in suha zelišča
e) Pecite v mikrovalovni pečici 1 minuto 20 sekund ali dokler ne naraste in prelivi ne začnejo brbotati.

33. Cheesy Dip

SESTAVINE:
- 4 unče kremnega sira
- 1½ skodelice naribanega cheddar sira
- 1 žlica sladke čilijeve omake
- Korenje, zelena, paradižnik in kumare na tanke rezine

NAVODILA:
a) Kremni sir in nariban sir dajte v posodo, primerno za mikrovalovno pečico, in eno minuto kuhajte na nizki stopnji ali stopitvi.
b) Dodamo čili omako in dobro premešamo.
c) Postrezite z zelenjavo za pomakanje.

34. Hot dog z medeno gorčico

SESTAVINE:
- 1 hrenovka, narezana na 8 rezin
- ¼ skodelice naribanega sira mozzarella
- 2 žlici medene gorčice

NAVODILA:
a) Zmešajte vse sestavine v 12 unč skodelici.
b) Pokrijte in kuhajte, dokler hrenovka ni vroča in se sir stopi približno 2½ minuti.

SENDVIČ IN ZAVITKI

35. Burrito s piščancem in ananasom

SESTAVINE:
- ½ skodelice narezanega piščanca, odstranjene kože
- 3 žlice visokokakovostne salse
- 2 žlici konzerviranega črnega fižola, opranega in odcejenega
- 2 žlici drobno sesekljane rdeče čebule
- 2 žlici na kocke narezanega svežega ananasa
- 2 žlici drobno sesekljane paprike
- ¼ čajne žličke mlete kumine
- ¼ čajne žličke košer soli
- 6-palčna pšenična tortilja

NAVODILA:
a) V skledi zmešamo vse sestavine, razen tortilje.
b) Nalijte v skodelico za 12 unč.
c) Pokrijte in pečite v mikrovalovni pečici, dokler se čebula ne zmehča, približno 2 minuti.
d) Tortiljo položimo na krožnik in jo pokrijemo s čisto kuhinjsko krpo.
e) Pecite v mikrovalovni pečici, dokler se ne segreje, približno 20 sekund
f) Nadev z žlico naložimo na tortiljo in zvijemo.

36. **Edamame obloge**

SESTAVINE:
- 6 žlic Edamame humusa
- 2 tortilji iz moke
- ½ skodelice narezanega korenja in zelja
- 1 skodelica sveže mlade špinače
- 6 rezin paradižnika
- 2 žlici solatnega preliva zelene boginje

NAVODILA:
a) Vsako tortiljo namažite s humusom.
b) Plast z zeljem in korenčkom, špinačo in paradižnikom.
c) Prelijemo s prelivom.
d) Tesno zvijte.
e) V mikrovalovni pečici segrevajte 2 minuti.

37. Sendvič s kislim zeljem

SESTAVINE:
- 4 debele rezine francoskega kruha
- 1 žlica masla
- 4 rezine bolonje
- 4 rezine salame
- 16-unčna pločevinka kislega zelja
- 1 skodelica sira Mozzarella, naribanega

NAVODILA:
a) Francoski kruh namažemo z maslom in dodamo rezino bolonje in salamo.
b) Dodamo kislo zelje in sir.
c) Postavite na krožnik, primeren za uporabo v mikrovalovni pečici, in segrejte v mikrovalovni pečici 3 minute ali dokler se ne segreje.

38. Mehiški zelenjavni burger

- ½ skodelice konzerviranega pinto fižola, opranega in odcejenega
- ¼ skodelice navadnih polnozrnatih drobtin
- ¼ skodelice salse
- ¼ skodelice drobno naribanega korenja
- 1 žlica na tanke rezine narezane narezane kapesato
- ½ avokada, narezanega
- Žemljica za hamburger, za postrežbo (neobvezno)

V srednji skledi zmešajte fižol, krušne drobtine, salso, korenje in mlado čebulo s tlačilko za krompir. Z rokami oblikujte kroglico in jo položite v 16-oz. skodelica.

Pokrijte in segrevajte v mikrovalovni pečici, dokler se čebulice ne zmehčajo in burger ni vroč, približno 2 minuti. Na vrh položite rezine avokada. Če želite, postrezite na žemljici za hamburger.

39. Hamburger Sir na žaru

SESTAVINE:
- 1 žemljica za hamburger, razrezana
- 1 čajna žlička rumene delikatesne gorčice, razdeljena
- ¼ skodelice naribanega sira Cheddar, razdeljeno
- 1 žlica mleka

NAVODILA:
a) Gorčico razdelite med obe polovici žemlje in jo enakomerno razporedite.
b) Eno polovico žemljice položite v 12 unč skodelico z gorčično stranjo navzgor.
c) Na vrh potresemo polovico sira.
d) Položite drugo polovico žemlje na vrh, gorčična stran obrnjena navzgor.
e) Po vrhu potresemo s preostalim sirom in nato prelijemo z mlekom.
f) Pokrijte in pečite v mikrovalovni pečici, dokler se sir ne stopi, približno 3 minute.

GLAVNE JEDI V MIKROVALOVI

40. TexMex Skodelica

Dobitek: 4 porcije
Sestavina
- 1 funt mlete govedine
- 1 srednja čebula, sesekljana
- ½ (1 25 oz.) začimbne mešanice za taco
- ½ (15 do 16 oz.) kozarca salse
- ¼ skodelice kisle smetane
- 1½ skodelice tortilje ali koruznega čipsa
- ¼ skodelice naribanega čedarja

V srednji skledi zmešajte mleto govedino, čebulo in mešanico začimb za taco; kuhajte, pokrito na visoki temperaturi 4 do 6 minut, dokler govedina ni več rožnata, pri čemer premešajte enkrat na polovici kuhanja.

Vmešajte salso in kislo smetano. 2. V 1½ litrsko enolončnico položite polovico mesne mešanice, ves tortiljin čips in nato preostalo mesno mešanico.

Kuhajte pokrito 1 do 2 minuti, dokler ni vroče

Odkriti; potresemo s sirom. Kuhajte 1 do 2 minuti, dokler se sir ne stopi. Predlog za serviranje: na vrh dajte poljubne najljubše dodatke za taco: narezano solato, sesekljan paradižnik, rezine avokada.

41. Začinjene korejske mesne kroglice

SESTAVINE:
- 2 žlici korejske gochujang omake
- ½ čajne žličke mletega svežega ingverja
- ½ čajne žličke svežega limetinega soka
- ½ čajne žličke sojine omake z nizko vsebnostjo natrija
- ½ čajne žličke medu
- 4 zamrznjene predkuhane mesne kroglice

NAVODILA:
a) V skodelici za 12 unč zmešajte omako gochujang, ingver, limetin sok, sojino omako in med.
b) Dodajte mesne kroglice in premešajte, da se združijo.
c) Pokrijte in segrejte v mikrovalovni pečici, dokler sredina mesnih kroglic ni vroča, približno 4 minute.

42. Mesne kroglice Parmezan

SESTAVINE:
- ¼ skodelice plus 2 žlici marinara omake
- 3 žlice naribanega mocarele
- 1 žlica drobno naribanega sira Parmigiano-Reggiano
- 4 zamrznjene predkuhane mesne kroglice
- 1 hoagie zvitek, razrezan in popečen

NAVODILA:
a) V skledi zmešajte omako marinara, obe vrsti sira in mesne kroglice ter prelijte v 12 unč skodelico.
b) Pokrijte in segrejte v mikrovalovni pečici, dokler sredina mesnih kroglic ni vroča, približno 4 minute.
c) Prelijemo čez kruh.

43. BBQ piščanec

SESTAVINE:
- 4 piščančje prsi
- ½ skodelice omake za žar
- ¼ skodelice cheddar sira
- 3 žlice slanine

NAVODILA:
a) Piščančje prsi položite v mikrovalovno posodo.
b) Prelijemo z omako.
c) Kuhajte v mikrovalovni pečici 5 minut.
d) Potresemo s sirom čedar in koščki slanine.
e) Kuhajte v mikrovalovni pečici še 3 minute.

44. Mangova ponedeljkova mesna štruca

SESTAVINE:
- 1 funt puste mlete govedine
- 1 skodelica sesekljanega manga
- 1 skodelica krušnih drobtin
- 1 jajce
- 1 čebula, naribana
- sol in poper po okusu

NAVODILA:
a) Vse sestavine združite v skledo in premešajte z rokami.
b) Oblikujte v hlebček in ga položite v steklen pekač.
c) Pokrijte s povoščenim papirjem, primernim za mikrovalovno pečico, in kuhajte v mikrovalovni pečici 18 minut.

45. Polpeti z gobami v mikrovalovni pečici

SESTAVINE:
- ¼ skodelice koruznega škroba
- 2½ skodelice goveje juhe
- 6-unčni kozarec narezanih gob
- 4 čajne žličke Worcestershire omake
- 1 čajna žlička posušene jedi
- 1 jajce
- ½ skodelice krušnih drobtin
- 1 čebula, naribana
- ½ čajne žličke sezonske soli
- ¼ čajne žličke popra
- 1½ funta mlete govedine

NAVODILA:
a) Zmešajte koruzni škrob in govejo juho v enolončnici, primerni za mikrovalovno pečico.
b) Vmešajte gobe, Worcestershire omako in baziliko.
c) V ločeni skledi zmešajte in zmešajte jajce, drobtine, čebulo, sol in poper.
d) Mešanici krušnih drobtin dodajte mleto govedino.
e) Mešajte, dokler ne oblikujete 6 polpetov, ki jih postavite v posodo, primerno za mikrovalovno pečico.
f) Polpete v mikrovalovni pečici na visoki temperaturi 7 minut ali dokler niso pečeni.
g) Na polovici kuhanja polpete obrnite.

46. Lazanja v skodelici

SESTAVINE:
- 2 lista testenin za lazanjo, pripravljena za postrežbo
- 6 unč vode
- 1 čajna žlička olivnega olja ali spreja za kuhanje
- 3 žlice omake za pico
- 4 žlice rikote ali skute
- 3 žlice špinače
- 1 žlica sira Cheddar
- 2 žlici kuhane klobase

NAVODILA:
a) Razlomite liste za lazanjo in jih pravilno položite v skodelico.
b) Poškropite z oljčnim oljem, preprečite prijemanje.
c) Lazanjo pokrijte z vodo.
d) Kuhajte 4 minute v mikrovalovni pečici ali dokler testenine ne postanejo mehke.
e) Odstranite vodo in testenine odstavite.
f) V isto skodelico dodajte omako za pico in nekaj testenin v skodelici.
g) V plasteh dodajte špinačo, rikoto in klobaso.
h) Po vrhu potresemo cheddar sir.
i) Ponovno nadaljujte s plastmi, začenši s testeninami.
j) Postavite v mikrovalovno pečico in pokrijte s pokrovom, primernim za mikrovalovno pečico.
k) Kuhajte v mikrovalovni pečici 3 minute.
l) Pustite, da se ohladi 2 minuti in uživajte.

47. **Pesto testenine**

SESTAVINE:
- 225 g posušenih testenin
- 1 skodelica naribanega sira
- 6 češnjevih paradižnikov, razpolovljenih

PESTO
- 1 šopek sveže bazilike
- ¼ skodelice pinjol
- ½ skodelice sveže naribanega parmezana
- 40 ml ekstra deviškega oljčnega olja
- Ščepec soli

NAVODILA:
a) Za kuhanje testenin postavite 225 g zvitih testenin v posodo za mikrovalovno pečico.
b) Prelijemo z 1 L vrele vode. Dodajte 15 ml olja in jedilno barvo ter pokrijte.
c) Kuhajte 1000 W 8-10 minut in napol mešajte. Lahko pa uporabite ostanke kuhanih testenin.
d) Medtem za pripravo pesta vse sestavine zmešajte v kuhinjskem robotu. Obdelujte, dokler ne dobite konsistence paste. Morebitne ostanke pesta zamrznite.
e) V kvadratni, plitvi stekleni posodi, primerni za mikrovalovno pečico, zmešajte kuhane testenine in ¼ skodelice pesta, potresite čez ½ skodelice naribanega sira in češnjeve paradižnike.
f) S funkcijo mikrovalovne pečice kuhajte 4 minute ali dokler se sir ne stopi.
g) Odstranite iz mikrovalovne pečice in pustite, da se nekoliko ohladi, preden postrežete z nekaj zelenjave in narezanega sadja.

48. Lepljiv piščanec

SESTAVINE:
- 1 žlica olivnega olja
- 2 žlici sojine omake z manj soli
- 1 žlica čistega javorjevega sirupa
- ¼ skodelice medu
- 750 g piščančjih bobnov

NAVODILA:
a) Za pripravo marinade zmešajte oljčno olje, sojino omako, javorjev sirup in med.
b) Piščanca položite v plitvo stekleno posodo, primerno za mikrovalovno pečico, in prelijte z marinado.
c) Premešajte in če imate čas, postavite v hladilnik za vsaj 1 uro.
d) Stekleno posodo postavite na emajliran pladenj in kuhajte 30 minut, pri 15 minutah pa jo obrnite, da dobite zlato rjavo lepljivo konsistenco.
e) Odstranite iz mikrovalovne pečice in pustite, da se nekoliko ohladi, preden postrežete z nekaj zelenjave in narezanega sadja.

49.   Jajčno pečen riž v skodelici

Naredi: 1 porcijo

SESTAVINE:
- 1 skodelica kuhanega jasminovega riža
- 2 žlici zamrznjenega graha
- 2 žlici sesekljane rdeče paprike
- ½ stebla zelene čebule, narezane na rezine
- 1 ščepec fižolovih kalčkov
- 1 ščepec naribanega škrlatnega zelja
- 1 jajce
- 1 žlica sojine omake z nizko vsebnostjo natrija
- ½ čajne žličke sezamovega olja
- ½ čajne žličke čebule v prahu
- ¼ čajne žličke petih začimb v prahu

NAVODILA:
a) Riž položite v skodelico.
b) Na vrh položite grah, rdečo papriko, zeleno čebulo, kalčke fižola mung in zelje.
c) Skodelico pokrijte s prozorno folijo.
d) Z nožem naredite luknje skozi film.
e) Pecite v mikrovalovni pečici na visoki temperaturi 1 minuto 15 sekund.
f) Medtem stepemo jajce in primešamo sojino omako, sezamovo olje, čebulo v prahu in pet začimb v prahu.
g) Jajčno zmes vlijemo v skodelico in ji primešamo zelenjavo in riž
h) Vrček ponovno pokrijte s prozorno folijo in postavite v mikrovalovno pečico za 1 minuto 15 sekund do 1 minuto 30 sekund.
i) Vzamemo skodelico iz mikrovalovne pečice in vse skupaj dobro premešamo.
j) Ocvrt riž pustimo stati minuto, da se kuha.
k) Z vilicami riž razprahnite in postrezite.

50. Piščančji parmezan

Dobitek: 4 porcije
Sestavina
- 4 polovice piščančjih prsi, brez kože in kosti
- 1 jajce
- ½ skodelice naribanega parmezana
- ⅓ skodelice posušenih krušnih drobtin, začinjenih
- Origano, paprika, sol
- 1 velika čebula, grobo sesekljana
- 1 strok česna, sesekljan
- 1 (15 oz.) pločevinka paradižnika
- ½ skodelice oljk, zrelih, brez koščic, narezanih
- ⅓ skodelice listov bazilike
- 3 žlice masla

V krožniku za pite segrevajte 2 žlici masla pri visoki temperaturi 45 sekund ali dokler se ne stopi. Rahlo ohladite; stepite v jajce. Na povoščenem papirju zmešamo parmezan, krušne drobtine, origano in papriko.

Kotlete pomakamo v masleno mešanico, nato pa jih potresemo z drobtinami. V pekaču velikosti 9 x 13 palcev kuhajte kotlete, pokrite s povoščenim papirjem, na visoki temperaturi 6 do 8 minut in jih prerazporedite na polovici kuhanja. Pustite stati 5 minut.

Medtem v skledi s prostornino 1½ litra kuhajte čebulo, česen in 1 žlico masla na visoki temperaturi 4 minute in enkrat premešajte. Dodajte paradižnik s ½ skodelice paradižnikove tekočine, olive, baziliko in sol. Kuhajte na visoki temperaturi 2 do 3 minute.

51. Pečena šunka in jabolka

Dobitek: 6 obrokov
Sestavina
- 3 skodelice šunke; kuhano in narezano na kocke
- po 3 Jabolka za kuhanje
- ½ skodelice rjavega sladkorja; trdno zapakirano
- 2 žlici večnamenske moke
- 2 žlici limoninega soka
- 1 žlica pripravljene gorčice
- 1 čajna žlička naribane pomarančne lupinice
- 1 žlica peteršilja; sesekljan, svež

Zmešajte prvih 7 sestavin; dobro premešamo. Mešanico nalijte v 2-litrski lonec in pokrijte s trdno plastično folijo

Pecite v mikrovalovni pečici 7 do 9 minut ali dokler se jabolka ne zmehčajo, mešanico premešajte po 4 minutah. Po vrhu potresemo peteršilj.

52. Fižol z razliko

Dobitek: 1 porcija
Sestavina
- 2 skodelici kuhanega stročjega fižola
- 2 žlici kisle smetane
- 2 žlici kremnega sira
- ¼ čajne žličke curryja v prahu
- 2 mladi čebuli (ali drobnjak)
- ¼ čajne žličke soli

Zmešajte vse sestavine razen fižola. Postavite v steklen vrč. Segrevajte na VISOKI 30-40 sekund. Prelijemo čez fižol, po želji vmešamo.
Če kuhate na klasičen način, segrevajte na zelo majhnem ognju.

53. Goveji bourguignonne

Dobitek: 8 obrokov
Sestavina
- 2 funta govejega kosa brez kosti
- ¼ skodelice nebeljene večnamenske moke
- 1⅓ skodelice narezanega korenja
- 14½ unč paradižnika
- 1 Med. lovorjev list
- 1 Mešanica za juho v ovojnici
- ½ skodelice rdečega vina
- 8 unč gob
- 8 unč srednje velikih ali širokih jajčnih rezancev

V 2-litrski enolončnici potresemo goveje meso z moko, nato pečemo nepokrito 20 minut. Dodajte korenje, paradižnik in lovorov list, nato dodajte mešanico goveje čebulne juhe, zmešane z vinom. Pecite pokrito 1 uro in pol ali dokler govedina ni mehka. Dodamo gobe in pokrito pečemo še 10 minut. Odstranite lovorjev list.
Medtem skuhajte rezance po navodilih na embalaži.

54. Črnooki grah v mikrovalovni pečici

Dobitek: 4 porcije
Sestavina
- 1 paket (10 oz) zamrznjenega graha
- ¼ skodelice vode
- Slanina; maslo ali šunko

Vse sestavine postavite v 1-litrski lonec. Pečemo v mikrovalovni pečici 10-11 minut.

55. Z brokolijem polnjen piščanec

Dobitek: 4 porcije
Sestavina
- 1 paket zamrznjenega sesekljanega brokolija; gugati
- 2 zelena čebula; mleto
- 4 unče sira Monterey Jack
- 3 velike cele piščančje prsi
- 3 rezine (1 oz.) kuhane šunke; razpolovite
- 1 skodelica svežih krušnih drobtin
- 1 žlica peteršilja
- ½ čajne žličke paprike
- 3 žlice margarine; stopljeno
- 1 žlica moke
- ¼ čajne žličke soli
- ⅛ čajne žličke popra
- 1 skodelica mleka

Vsako piščančjo prso pretlačite na ¼ palca in na vsako položite 1 kos šunke in enako količino mešanice brokolija.

V krožniku za pito ali na povoščenem papirju zmešajte krušne drobtine, peteršilj in papriko.

Piščanca namažite z margarino s približno 1 žlico. Piščanca obložimo z začinjenimi krušnimi drobtinami.

V pekač 9x13 palcev položite piščanca. Kuhajte ohlapno pokrito s povoščenim papirjem pri visoki 100 % moči 10 do 12 minut.

Okoli piščanca nalijte omako

56. Brstični ohrovt z mandlji

Dobitek: 4 porcije
Sestavina
- 1 funt zamrznjenega brstičnega ohrovta
- 3 žlice naribanih mandljev
- ¼ skodelice masla
- 2 žlici svežega limoninega soka
- Sol in poper
- 1 čajna žlička limoninega soka
- ½ čajne žličke naribane limonine lupinice
- 1 ščepec pimenta

Zamrznjene kalčke dajte v enolončnico z ¼ skodelice vode. Pokrijte in pečite v mikrovalovni pečici na HIGH 10 minut.

Narezane mandlje razporedite po krožniku in jih segrevajte v mikrovalovni pečici 3 do 4 minute na HIGH, med kuhanjem jih enkrat ali dvakrat obrnite, dokler ne postanejo zlato rjave.

Maslo dajte v skledo in ga stopite v mikrovalovni pečici 1-½ minute na HIGH. Dodajte limonin sok. Začinimo s soljo in poprom.

Kalčke odcedimo. Damo v zelenjavno posodo in prelijemo z limoninim maslom; dobro premešamo. Potresemo z narezanimi mandlji in postrežemo vroče.

57. Piščanec z gobami

Dobitek: 5 obrokov
Sestavina
- 3 žlice večnamenske moke
- ½ čajne žličke soli
- ¼ čajne žličke popra
- 4 Piščančje prsi brez kosti in kože
- 2 žlici nesoljenega masla, razdeljeno
- 1 žlica rastlinskega olja
- 6 unč svežih gob, narezanih
- ¼ skodelice vina Marsala
- ¼ skodelice goveje juhe
- 2 čajni žlički koruznega škroba

Na kosu povoščenega papirja zmešajte moko, sol in poper. Piščanca potopite v mešanico moke, da se dobro prekrije. V veliki, težki ponvi na zmernem ognju segrejte 1 žlico masla in rastlinskega olja. Dodajte piščanca in ga zapecite na obeh straneh.

Prepražimo gobe in dodamo vino Marsala.

Piščanca položite v mikrovalovni pekač. Vse prelijemo z mešanico gob in vina. Kuhajte 6 do 8 minut

V majhni skledi zmešajte juho in koruzni škrob do gladkega. V pekač vmešamo tekočino. Mikrokuhajte nepokrito pri 100 % moči 2 do 3 minute

58. Kuskus v mikrovalovki

Dobitek: 1 porcija
Sestavina
- 1 skodelica kuskusa
- ¼ čajne žličke pimenta - neobvezno
- 1 žlica olivnega olja
- 1½ skodelice vode
- ¼ čajne žličke popra -- sveže mletega

Zmešajte kuskus in olje v 2-litrsko posodo, primerno za mikrovalovno pečico, in mešajte, dokler niso vsa zrna dobro prekrita. To preprečuje, da bi se zlepili. Po želji vmešamo poper in piment.

Mikrovalovna pečica, odkrita na visoki temperaturi za 1 minut Dobro premešamo. Zalijemo z vodo in premešamo.

Mikrovalovna pečica, nepokrita, na visoki temperaturi, dokler se voda ne vpije in zrna niso mehka, 2 do 3 minute

59. Brusnično pomarančni jagnječji kotleti

Dobitek: 4 porcije
Sestavina
- 4 jagnječji hrbet, narezan
- 1-1/2 palca
- Gosta Browning omaka
- ½ skodelice sesekljane čebule
- 1 skodelica pomarančnega soka
- 1 skodelica svežih ali zamrznjenih brusnic
- ½ skodelice sladkorja
- 1 žlica moke
- 1 žlica dijonske gorčice
- 1 čajna žlička naribane pomarančne lupinice
- ½ čajne žličke pimenta

V 9" plitko okroglo posodo položite jagnjetino; premažite z omako za zapečeno omako in na vrh posujte čebulo. V mikrovalovni pečici kuhajte 12 minut pri srednji moči 70 % in jo enkrat obrnite. Odcedite. Preostale sestavine dajte v veliko stekleno merilno skodelico. Kuhajte pri visoki moči v mikrovalovni pečici 6 minut ali dokler ne zavre, dvakrat premešajte. Jagnjetino prelijte z omako. Takrat lahko zamrznete Kuhati; kuhamo na srednji moči 5 minut

60. Topli arašidovi rezanci

- Sprej za kuhanje proti prijemanju
- 2 žlici. kremasto arašidovo maslo
- 1 žlica nezačinjen rižev kis
- 1 čajna žlička sezamovo olje
- 1 čajna žlička sojina omaka z nizko vsebnostjo natrija
- 1 čajna žlička med
- 2 žlički na tanke rezine narezane narezane kapesato
- ⅛ žličke nariban svež ingver
- 1½ skodelice pakiranih kuhanih polnozrnatih fettuccinijev ali lingvinijev
- 1 žlica praženi arašidi, drobno sesekljani

Razpršite notranjost 12-oz. skodelica s pršilom za kuhanje.

V skodelico dodajte arašidovo maslo, kis, olje, sojino omako, med, polovico kapesant in ingver ter dobro premešajte.

Pokrijte in pečite v mikrovalovni pečici, dokler ni gladka, približno 30 sekund; premešamo. Vmešajte rezance, pokrijte in segrejte v mikrovalovni pečici, dokler se ne segrejejo, še približno minuto.

Po vrhu potresemo s preostalimi kapesantami in arašidi.

61. Lazanje s polento

- Sprej za kuhanje proti prijemanju
- 1 skodelica visokokakovostne marinara omake
- Približno ½ tube predkuhane polente, narezane na tri ½ palca debele kroge
- 3 žlice. plus 1 žlička. nariban sir mocarela

Razpršite notranjost 16-oz. skodelica s pršilom za kuhanje.

Dodajte ¼ skodelice omake na dno skodelice, nato dodajte en krog polente in nato 1 žlico. sira. Nanos plasti ponovimo še dvakrat. Dodajte preostalo ¼ skodelice omake, nato pa preostalo 1 čajno žličko. sira.

Pokrijte in kuhajte, dokler ni vroče, približno 3 minute.

62. Sloppy Joe s svinjino

- 1 skodelica kuhane mlete svinjine
- 3 žlice. kečap
- 2 žlici. na tanke rezine narezane narezane kapesato
- 1 žlica rumena gorčica
- ⅛ žličke košer sol
- 1 polnozrnata žemljica za burger, popečena

V majhni skledi zmešajte svinjino, kečap, mlado čebulo, gorčico in sol; vlijemo v 16-oz. skodelica.
Pokrijte in segrejte v mikrovalovni pečici, dokler ni vroče, približno 2 minuti. Z žlico naložimo na spodnjo polovico popečene žemlje, nato pokrijemo z zgornjo.

63. Piščančja "Potpita"

- ½ skodelice narezanega rotisserie ali pečenega piščanca (odstranjene kože)
- ½ skodelice zamrznjene mešane zelenjave (kot sta grah in korenje), odmrznjene in odcejene
- 2 žlici. nariban sir Cheddar
- 3 žlice. mleko
- 1 žlica drobno sesekljan svež koper
- ¼ žličke košer sol
- 4 mletja črnega popra
- ½ piškota, nedotaknjenega ali zdrobljenega
- ⅛ žličke paprika

V majhni skledi zmešajte piščanca, zelenjavo, sir, 2 žlici. mleka, koper, sol in poper. Nalijte v 16-oz. vrč in spakiraj dol. Na vrh položite biskvit, nato pa pokapajte s preostalo 1 žlico. mleka in potresemo s papriko.

Pokrijte in segrejte v mikrovalovni pečici, dokler ni "lonček" vroč, približno 3 minute.

64. Piščanec in špageti

- Sprej za kuhanje proti prijemanju
- ½ skodelice narezanega rotisserie ali pečenega piščanca (odstranjene kože)
- ½ skodelice kuhanih polnozrnatih špagetov
- ¼ skodelice marinara omake
- ¼ skodelice naribanega sira mozzarella
- ¼ žličke posušen origano
- ⅛ žličke košer sol

Razpršite notranjost 12-oz. skodelica s pršilom za kuhanje.

V majhni skledi zmešajte vse sestavine, nato pa jih prelijte v skodelico.

Pokrijte in segrejte v mikrovalovni pečici, dokler ni vroče, približno 2 minuti.

65. Testenine s čedarjem

- ¼ skodelice mleka, idealno 2 % ali polnomastnega
- ½ skodelice naribanega sira Cheddar
- 1 žlica nesoljeno maslo
- ⅛ žličke košer sol
- 1 skodelica kuhanih polnozrnatih makaronov

V 12-oz. skodelico, mleko segrejte v mikrovalovni pečici, dokler se ne segreje, približno 30 sekund. Takoj vmešajte sir, maslo in sol, dokler ni razmeroma gladko. Vmešajte testenine.

Pokrijte in postavite v mikrovalovno pečico, dokler se sir ne stopi in testenine niso tople, 2 do 3 minute. Ponovno premešamo.

66. Enolončnica s tuninimi rezanci

- ½ skodelice kuhanih polnozrnatih makaronov
- 3 žlice. nastrgan sir Cheddar ali švicarski sir
- 3 žlice. mleko
- 2 žlici. na tanke rezine narezane narezane kapesato
- ½ žličke Dijonska gorčica
- ⅛ žličke košer sol
- 3 mleti črni poper
- 1 žlica navadnih polnozrnatih drobtin
- 1 čajna žlička olivno olje

V majhni skledi zmešajte tunino, testenine, sir, mleko, kapesotato, gorčico, sol in poper ter tunino razdrobite z vilicami. Nalijte v 12-oz. skodelica.

Pokrijte in pečite v mikrovalovni pečici, dokler se sir ne stopi, približno 2 minuti.

V manjši skledici zmešamo drobtine in olje. Potresemo po vrhu.

67. Pastitsio

- Sprej za kuhanje proti prijemanju
- ¾ skodelice kuhanih polnozrnatih makaronov
- ½ skodelice kuhane mlete govedine
- ¼ skodelice narezane mocarele
- 3 žlice. paradižnikova mezga
- 2 žlici. piščančja juha
- ⅛ žličke posušen timijan
- ⅛ žličke mleti cimet
- Zvrhanje ⅛ žličke. košer sol
- 3 mleti črni poper

Razpršite notranjost 16-oz. skodelica s pršilom za kuhanje.

V majhni skledi zmešajte vse sestavine in jih prelijte v skodelico.

Pokrijte in pečite v mikrovalovni pečici, dokler se sir ne stopi, približno 2 minuti.

68. Svinjina s koruzo in mladiči

- 1 skodelica kuhane mlete svinjine
- ½ skodelice svežih ali zamrznjenih, odmrznjenih in odcejenih koruznih zrn
- 2 žlici. paradižnikova mezga
- 1 žlica plus 1 žlička. na tanke rezine narezane narezane kapesato
- 1 čajna žlička svež limetin sok
- ¼ žličke košer sol
- ⅛ žličke mleta kumina
- ⅛ žličke čili v prahu
- 3 mleti črni poper

V majhni skledi zmešajte vse sestavine in jih prelijte v 16-oz. skodelica.

Pokrijte in pecite v mikrovalovni pečici, dokler se koruza ne zmehča, približno 2½ minuti.

69. Začinjene korejske mesne kroglice

- 2 žlici. Korejska omaka gochujang
- ½ žličke mletega svežega ingverja
- ½ žličke svež limetin sok
- ½ žličke sojina omaka z nizko vsebnostjo natrija
- ½ žličke med
- 4 zamrznjene predkuhane mesne kroglice (neodmrznjene)

Zmešajte omako gochujang, ingver, limetin sok, sojino omako in med v 12 oz. skodelica. Dodajte mesne kroglice in premešajte, da se združijo.

Pokrijte in postavite v mikrovalovno pečico, dokler sredina mesnih kroglic ni vroča, 3 do 4 minute.

70. Mesne kroglice Parmezan

- ¼ skodelice plus 2 žlici. marinara omako
- 3 žlice. nariban sir mocarela
- 1 žlica drobno nariban sir Parmigiano-Reggiano
- 4 zamrznjene predkuhane mesne kroglice (neodmrznjene)
- 1 hoagie zvitek, razrezan in popečen, ali 1 rezina popečenega italijanskega kruha, kot je ciabatta, za serviranje

V majhni do srednji skledi zmešajte omako marinara, oba sira in mesne kroglice ter jih prelijte v 12-oz. skodelica.

Pokrijte in postavite v mikrovalovno pečico, dokler sredina mesnih kroglic ni vroča, 3 do 4 minute. Prelijemo čez kruh.

71. Pikantni kitajski tofu

- ½ skodelice zamrznjene zelenjave za praženje (ne odmrznjene)
- ¼ skodelice zelenjavne juhe
- ½ skodelice ½-palčnih kock izjemno čvrstega tofuja, odcejenega
- 1 žlica plus 1 žlička. sojina omaka z nizko vsebnostjo natrija
- ½ žličke Sriracha omaka
- ½ žličke svež limetin sok
- ½ žličke med
- ½ skodelice kuhanega riža, za serviranje

Postavite zelenjavo in 2 žlici. juhe v 12-oz. skodelico, pokrijte in postavite v mikrovalovno pečico, dokler zelenjava ni vroča, 3 do 4 minute. 2. Previdno vmešajte preostalo juho, tofu, sojino omako, Sriracho, limetin sok in med.

Ponovno pokrijte in segrejte v mikrovalovni pečici, dokler se tofu ne segreje, približno še 1½ minute. Postrežemo čez riž.

72. Mehiška kvinoja s koruzo

- ¾ skodelice kuhane kvinoje
- ¼ skodelice zrelega paradižnika brez sredice, semen in narezanega na kocke (približno ½ paradižnika)
- ¼ skodelice ⅓-palčnih cvetov surovega brokolija
- ¼ skodelice surovih koruznih zrn (iz 1 majhnega klasja)
- 2 žlici. salsa
- 2 žlici. mešanica naribanega mehiškega sira
- ⅛ žličke košer sol
- 1 žlica drobno narezani listi svežega cilantra

V majhni do srednji skledi zmešajte vse sestavine, nato pa jih prelijte v 16-oz. skodelica.

Pokrijte in pecite v mikrovalovni pečici, dokler se brokoli ne zmehča, približno 4 minute.

JUHE, ENOLOČNICE IN ČILI

73. Brokolijeva sirna juha

SESTAVINE:
- 10 unč na kg. Zamrznjen brokoli
- 2 skodelici mleka
- ⅓ skodelice moke
- 1 skodelica vode
- 2 skodelici sira Velveeta, narezanega na kocke
- 1 skodelica pol in pol
- 2 kocki piščančje juhe

NAVODILA:
a) Zmešajte mleko, moko, vodo, kocke piščančje juhe in pol-pol v posodo, primerno za mikrovalovno pečico.
b) Stepajte skupaj. Dodajte brokoli in kuhajte v mikrovalovni pečici nekaj minut ob pogostem mešanju.
c) Vmešajte sir in kuhajte, dokler se sir ne stopi in brokoli ni mehak.

74. Bučno-pomarančna juha

- ½ skodelice konzerviranega bučnega ali maslenega bučnega pireja
- ½ skodelice zelenjavne ali piščančje juhe z nizko vsebnostjo natrija
- ¼ skodelice belega fižola v pločevinkah, opranega in odcejenega
- 1 žlica pomarančni sok
- ¾ žličke javorjev sirup ali med
- ¼ žličke mletih svežih listov žajblja
- ½ žličke pomarančna lupina
- ⅛ žličke košer sol
- 3 mleti črni poper

Vse sestavine zmešajte v majhni do srednji skledi in nato prelijte v 16-oz. skodelica.

Pokrijte in pečite v mikrovalovni pečici, dokler ni vroče, približno 3 minute.

75. Pikantna italijanska juha iz leče

- ¾ skodelice zelenjavne juhe
- ¾ skodelice leče z nizko vsebnostjo natrija v pločevinkah, oprane in odcejene
- ¼ skodelice drobno naribanega korenja
- 1 žlica paradižnikova mezga
- ¼ žličke posušen origano
- ¼ žličke košer sol
- 1/8 žličke zdrobljeni kosmiči rdeče paprike
- 3 mleti črni poper

V manjši posodi zmešajte vse sestavine in pretlačite s pretlačilom za krompir. Nalijte v 12-oz. skodelica.
Pokrijte in segrejte v mikrovalovni pečici, dokler juha ni vroča, približno 3 minute.

76. Miso juha

- 1 skodelica zelenjavne ali piščančje juhe
- En 4-palčni kos posušene morske alge kombu, prelomljen na pol
- 1 žlica kosmiči palamide (posušene tune).
- ¼ skodelice trdega tofuja s ¼-palčnimi kockami
- 2 žlički beli ali rumeni miso
- 1 čajna žlička na tanke rezine narezane kapesato (samo temno zeleni deli)

Zmešajte juho, kombu in palamido v 16 oz. skodelica.

Pokrijte in pečite v mikrovalovni pečici, dokler ni zelo vroče, približno 2½ minuti.

Precejeno juho nalijte v cedilo s finimi mrežicami, postavljeno nad majhno skledo, nato pa previdno vlijte precejeno juho nazaj v vrček.

V juho v skodelici vmešajte tofu, miso in kapesota; mešajte, dokler se miso ne raztopi.

77. Čili iz govedine in fižola

- ½ skodelice konzerviranega črnega ali pinto fižola, opranega in odcejenega
- ½ skodelice (približno 3 oz.) kuhane mlete govedine
- ½ skodelice visokokakovostne salse
- 1 čajna žlička na tanke rezine narezane narezane kapesato
- ¼ žličke košer sol
- 1 čajna žlička drobno narezani listi svežega cilantra
- Približno 6 tortiljinih čipov
- 1 čajna žlička guacamole, za serviranje
- 1 čajna žlička kisla smetana, za serviranje

V majhni skledi zmešajte fižol, mleto govedino, salso, mlado čebulo in sol ter prelijte v 12-oz. skodelica.

Pokrijte in segrejte v mikrovalovni pečici, dokler ni vroče, približno 2 minuti. 3. Potresemo s cilantrom in ob robovih vstavimo čips.

Postrezite z guacamolejem in kislo smetano.

78. Testenine, fižol in paradižnikova enolončnica

- ½ skodelice piščančje juhe
- ¼ skodelice kuhanih polnozrnatih makaronov
- ¼ skodelice zelo tanko narezanih svežih listov ohrovta (stebla odstranimo)
- ¼ skodelice črnega fižola v pločevinkah, opranega in odcejenega
- 3 žlice. marinara omako
- 1 žlica drobno nariban parmigiano-reggiano ali parmezan

V majhni skledi zmešajte juho, testenine, ohrovt, fižol in omako marinara. Nalijte v 16-oz. skodelico in vrh s sirom.

Pokrijte in kuhajte v mikrovalovni pečici, dokler se ohrovt ne zmehča, približno 3 minute.

79. Enolončnica iz buč in čičerike

- ¾ skodelice zelenjavne osnove z nizko vsebnostjo natrija
- ½ skodelice konzerviranega bučnega ali maslenega bučnega pireja
- ½ skodelice čičerike v pločevinkah, oprane in odcejene
- ¼ skodelice svežih listov špinače, opranih in popivnanih
- 1 čajna žlička med
- ⅛ žličke mleta kumina
- ⅛ žličke mleti koriander
- ⅛ žličke mleti cimet
- ⅛ žličke košer sol
- Popečen kmečki kruh, za serviranje

Zmešajte osnovo, bučo ali bučo, čičeriko, špinačo, med, kumino, koriander, cimet in sol v majhni skledi, nato pa vlijte v 16-oz. skodelica.

Pokrijte in segrejte v mikrovalovni pečici, dokler ni vroče in špinača ni kuhana, 2 do 3 minute. Postrezite s kruhom.

80. Tortelini juha

Naredi: 4

SESTAVINE:
- 1 korenček, olupljen in nariban
- 1 čebula, naribana
- 2 stroka česna, nasekljana
- 2 žlici olivnega olja
- 15-unča lahko brez soli in dodanih kock narezanih paradižnikov
- 15-unčna pločevinka čičerike z nizko vsebnostjo natrija, odcejena
- 3 skodelice piščančje juhe z zmanjšano vsebnostjo natrija
- 1 paket po 9 unč ohlajenih tortelinov s tremi siri
- 1 čajna žlička mešanice posušenih italijanskih zelišč
- 2 skodelici rahlo pakirane sveže mlade špinače
- Nariban parmezan za serviranje

NAVODILA:
a) Zmešajte korenček, čebulo, česen in oljčno olje v 3-qt. posoda, primerna za mikrovalovno pečico.
b) Odkrito segrevajte v mikrovalovni pečici na visoki temperaturi 3 minute.
c) Vmešajte piščančjo juho, paradižnik, čičeriko, torteline in mešanico italijanskih zelišč.
d) Posodo tesno pokrijte s steklenim pokrovom ali plastično folijo in kuhajte 8 minut na visoki temperaturi.
e) Odstranite posodo iz mikrovalovne pečice, jo previdno odkrijte in vmešajte špinačo.
f) Pustite stati 1 ali 2 minuti, da špinača oveni.
g) Po želji postrezite s parmezanom.

SOLATE IN PRILOGE

81. Buča iz želoda s pinjolami

SESTAVINE:
- 2 žlici nesoljenega masla
- 2 žlici rjavega sladkorja
- 1 čajna žlička žajblja
- 2 narezani želodovi buči
- 2 žlici praženih pinjol ali mandljev
- sol in črni poper po okusu

NAVODILA:
a) V posodi za mikrovalovno pečico stopite maslo.
b) Rjavi sladkor in žajbelj vmešajte v maslo, dokler se dobro ne povežeta.
c) Dodajte rezine buče.
d) Pecite 5-10 minut v mikrovalovni pečici, dokler se buča ne zmehča.
e) Potresemo z oreščki.

82. Dušen stročji fižol

SESTAVINE:
- 1 funt svežega zelenega fižola, narezanega
- 1 skodelica vode
- 1 čajna žlička soli
- ½ čajne žličke popra

NAVODILA:
a) V posodo, primerno za mikrovalovno pečico, dodajte vodo in stročji fižol.
b) Kuhajte 15-18 minut ali dokler se ne zmehča.
c) Stročji fižol odcedite vodo in začinite s soljo in poprom.

83. Brokoli v mikrovalovni pečici

SESTAVINE:
- 1 funt brokolija
- 1 čajna žlička limonine lupinice, drobno naribane
- ¼ čajne žličke soli
- ¼ čajne žličke popra

NAVODILA:
a) Brokoli narežite na cvetove in ga položite v posodo, primerno za mikrovalovno pečico.
b) Dodajte ¼ skodelice vode in kuhajte v mikrovalovni pečici 3-5 minut.
c) Iz brokolija odlijemo vodo in ga začinimo z limono, soljo in poprom.
d) Brokoli potresemo s ½ skodelice naribanega čedar sira.
e) Pecite v mikrovalovni pečici 2 minuti, dokler se sir ne stopi.

84. Krompir s karijem

Dobitek: 4 porcije
Sestavina
- 2 funta voskastega krompirja
- 3½ unče šalotke; drobno sesekljan
- 3½ unče prekajene črtaste slanine; narezan na kocke
- Sol in poper
- ⅔ skodelice mleka
- 1½ čajne žličke curryja v prahu
- 3 unče parmezanskega sira; nariban

Krompir olupimo in operemo pod obilo hladne tekoče vode. Naribajte

Šalotko in slanino dajte v ovalno posodo iz pireksa. Mikrovalovna pečica, nepokrita, na visoki temperaturi 3 minute

Mešanico potresemo s soljo in poprom ter dodamo krompir.

Dobro premešamo in zalijemo z mlekom. Pokrijte in segrevajte v mikrovalovni pečici 12 minut. Pustite stati 3 minute.

Zmešajte kari in parmezan ter potresite po krompirjevi mešanici. Mikrovalovna pečica, nepokrita, na visoki temperaturi 2 minuti

85. Čebulni sirni krompir

SESTAVINE:
- 10 ¾ unč lahko kremna juha zelene
- 8-unč paket kremnega sira iz drobnjaka in čebule
- 2 skodelici zamrznjenega krompirja v kockah
- ½ skodelice cheddar sira, naribanega

NAVODILA:
a) V enolončnici, primerni za mikrovalovno pečico, zmešajte juho in kremni sir.
b) Pecite v mikrovalovni pečici 2 minuti ali dokler se kremni sir ne raztopi v juhi.
c) Zložite krompir in mešajte, dokler ni dobro pokrit.
d) Pečemo 10 minut v mikrovalovni pečici ali dokler se krompir ne zmehča.
e) Potresemo s sirom cheddar in kuhamo še 2 minuti, dokler se sir ne stopi.

86. Kvinojina solata s pestom

- ¾ skodelice kuhane kvinoje
- ¼ skodelice zrelega paradižnika brez sredice, semen in narezanega na kocke (približno ½)
- ¼ skodelice ⅓-palčnih surovih cvetov cvetače
- 2 žlici. pesto
- 2 žlici. nariban sir mozzarella

V majhni do srednji skledi zmešajte vse sestavine, nato pa jih prelijte v 16-oz. skodelica.
Pokrijte in pecite v mikrovalovni pečici, dokler se cvetača ne zmehča, približno 4 minute.

87. Kitajska solata iz rjavega riža

- 1 žlica na tanke rezine narezane narezane kapesato
- 2 žlički nezačinjen rižev kis
- 2 žlički sojina omaka z nizko vsebnostjo natrija
- 1 čajna žlička med
- ⅛ žličke mleti česen
- ⅛ žličke nariban svež ingver
- ½ skodelice pakiranega kuhanega rjavega riža, kratko- ali dolgozrnatega
- ⅓ skodelice pakiranega zamrznjenega Edamama, odmrznjenega
- 2 žlici. drobno naribano olupljeno korenje
- 2 žlici. na majhne kocke narezana rdeča paprika

V majhni skledi zmešajte mlado čebulo, rižev kis, sojino omako, med, česen in ingver, nato pa vmešajte preostale sestavine. Nalijte v 12-oz. skodelica.

Pokrijte in segrejte v mikrovalovni pečici, dokler se ne segreje, približno 1 minuto.

SLADICE V MIKROVALOVI

88. Brazilska banana

Naredi: 1 porcijo

SESTAVINE:
- 1 banana
- Rafiniran sladkor

NAVODILA:
a) Banano narežemo na tanke rezine.
b) Rezine razporedimo po krožniku za mikrovalovno pečico in jih potresemo s sladkorjem.
c) Pecite v mikrovalovni pečici, dokler se sladkor ne stopi in banana ni kuhana.
d) Postrežemo toplo.

89. Otroška funfetti torta

Naredi: 12 obrokov

SESTAVINE:
- 1 paket vlažne rumene mešanice za torte
- 1 paket vanilijeve mešanice za instant puding
- 4 jajca
- 1 skodelica vode
- ½ skodelice Crisco olja
- 1 skodelica polsladkih mini čokoladnih koščkov
- 1 skodelica barvnih mini marshmallows
- ⅔ skodelice čokoladne glazure za torto
- 2 žlici polsladkih mini čokoladnih koščkov

NAVODILA:
a) Pečico segrejte na 350 stopinj Fahrenheita.
b) Maslo in moko v pekač velikosti 13x9x2 cm.

NAREDITI TORTO
c) Z električnim mešalnikom stepemo mešanico za torto, puding, jajca, vodo in olje
d) Vmešajte mikro čokoladne koščke in vse skupaj prelijte v ponev.
e) Pečemo 45 minut pri 350 stopinjah F.

ZA PRELIV
f) Takoj enakomerno potresemo marshmallow po vroči torti. Skledo, primerno za mikrovalovno pečico, do polovice napolnite z glazuro.
g) Postavite v mikrovalovno pečico 25-30 sekund na VISOKO.
h) Mešajte, dokler zmes ni popolnoma gladka.
i) Enakomerno pokapajte čez marshmallowe in torto.
j) Na vrh dodajte 2 žlici čokoladnih koščkov.
k) Pustite, da se popolnoma ohladi.

90. Browniji v mikrovalovni pečici

Naredi: 16 obrokov

SESTAVINE:
- 4 unče masla ali margarine
- 1 skodelica granuliranega sladkorja
- 2 jajci
- 1 čajna žlička ekstrakta vanilije
- ½ skodelice nesladkanega kakava v prahu
- ⅔ skodelice moke
- 1 skodelica pekanov; sesekljan
- Sladkor v prahu

NAVODILA:
a) V skledi z električnim mešalnikom stepite maslo, sladkor, jajca in vanilijo, dokler ne postane svetlo in puhasto, 1 do 2 minuti.
b) Stepite v kakavu. Dodajte moko in stepajte, dokler se dobro ne premeša. Ročno vmešajte pekane. Enakomerno porazdelite v 8-palčno kvadratno stekleno posodo, obloženo s povoščenim papirjem.
c) Kuhajte v mikrovalovni pečici na visoki temperaturi 3 minute.
d) Posodo obrnite za četrt obrata in kuhajte 2½ do 3 minute dlje. Naj se ohladi.
e) Po vrhu presejemo sladkor v prahu.

91. Jabolčni obročki s cimetom

Naredi: 6 obrokov

SESTAVINE:
- 3 žlice masla ali margarine
- 2 žlici limoninega soka
- 2 žlici medu
- ¼ čajne žličke mletega cimeta
- 4 jabolka za kuhanje; neolupljen, stržen in narezan na kolobarje

NAVODILA:
a) V pekač damo maslo.
b) Postavite v mikrovalovno pečico na VISOKO 50 sekund ali dokler se maslo ne stopi.
c) Vmešajte limonin sok, med in cimet.
d) Rezine jabolk položite v masleno mešanico in jih obrnite, da obložite obe strani.
e) Pokrijte z močno plastično folijo.
f) Pecite v mikrovalovni pečici 5 do 6 minut pri HIGH (VISOK) ali dokler se jabolka ne zmehčajo, po 2 minutah pa jed spremenite.
g) Pred serviranjem pustite stati 2 minuti.

92. Rocky Road Bites

Naredi: 24

SESTAVINE:
- 350 g čokoladnih koščkov
- 30 g masla
- 397 g kondenziranega sladkanega mleka v pločevinki
- 365 g suho praženih arašidov
- 500 g belega marshmallowa, sesekljanega

NAVODILA:
a) Pekač velikosti 9x13 palcev obložite z mastnim papirjem.
b) V skledi, primerni za mikrovalovno pečico, segrevajte čokolado in maslo, dokler se ne stopita.
c) Občasno premešajte, dokler čokolada ni gladka. Vmešajte kondenzirano mleko.
d) Združite arašide in marshmallows; vmešamo v čokoladno zmes.
e) Vlijemo v pripravljeno posodo in ohladimo, dokler ni čvrsta. Narežemo na kvadratke.

93. Pečeno sladkarije Jabolčno presenečenje

SESTAVINE:
- 4 jabolka Red Delicious, do polovice izrezana in olupljena
- ⅓ navzdol od prvih 16 vročih bonbonov
- 8 miniaturnih marshmallows

NAVODILA:
a) Dodajte jabolka v enolončnico, primerno za mikrovalovno pečico.
b) Na sredino vsakega jabolka položite bonbon, nato marshmallow.
c) Posodo pokrijte s plastično folijo ali povoščenim papirjem.
d) Pecite v mikrovalovni pečici 7 minut.
e) Dodajte še eno plast sladkarij in marshmallowa.
f) Pokrijte in ponovno kuhajte 5 minut.

94. Okusen jabolčni hrustljavček

SESTAVINE:
- 1 pločevinka nadeva za jabolčno pito
- 2 žlici rjavega sladkorja
- ¼ skodelice ovsenih kosmičev za takojšnje kuhanje
- 2 žlici masla
- ½ čajne žličke cimeta
- ¼ skodelice mešanice Bisquick
- Voščeni papir

NAVODILA:
a) V vsako posodo vlijemo pol skodelice nadeva za pito.
b) V ločeni skledi zmešajte Bisquick, oves za kuhanje, cimet, maslo in rjavi sladkor ter mešajte z žlico ali vilicami, dokler ne postanejo grudasti.
c) To zmes enakomerno porazdelite med sklede jabolčnega nadeva.
d) Pustite, da ta hrustljava mešanica ostane na vrhu jabolk.
e) Sklede pokrijte z voščenim papirjem in vsako posebej segrevajte v mikrovalovni pečici 4 minute.
f) Pred serviranjem pustite 10 minut, da se strdi in ohladi.

95. Mini čokoladna torta

SESTAVINE:
- 4 žlice večnamenske moke
- 4 žlice sladkorja
- 2 žlici nesladkanega kakava
- 1 jajce
- 3 žlice mleka
- 3 žlice rastlinskega olja
- pest čokoladnih koščkov

NAVODILA:
a) Skodelico, primerno za mikrovalovno pečico, popršite s pršilom za kuhanje.
b) V skodelico kave dodajte moko, sladkor in kakav. Dobro premešajte.
c) Dodamo mleko, olje in 1 jajce. Po vrhu potresemo koščke čokolade.
d) Nežno mešajte, dokler se dobro ne poveže.
e) Postavite v mikrovalovno pečico in kuhajte 3 minute
f) Postrezite s kepico sladoleda in posipom s čokoladnimi koščki.

96. Dvojna čokoladna torta

SESTAVINE:
- 2 žlici olja plus malo več
- 2 žlici sladkorja
- 1 jajce
- 2 žlici samovzhajalne moke
- 1 čajna žlička kakava
- 2 žlici čokoladnih koščkov in nekaj dodatnih za serviranje
- Smetana ali sladoled in sladkor v prahu za postrežbo

NAVODILA:
a) Skodelico, primerno za mikrovalovno pečico, namažite z malo olja.
b) Jajce razbijte v skodelico.
c) Dodajte olje in sladkor.
d) Zmešajte z vilicami do gladkega.
e) Dodamo moko in kakav ter ponovno premešamo do gladkega.
f) Čokoladne koščke položite v skodelico na mešanico.
g) Mikrovalovna pečica na visoki temperaturi eno minuto.
h) Opazujte, kako se vaša torta dvigne do vrha skodelice.
i) Previdno vzemite iz pečice.
j) Za serviranje potresemo z malo sladkorja v prahu, sladoledom in še nekaj koščki čokolade.

97. Torta iz skodelice sladkornega piškota

SESTAVINE:
- 2 žlici jajčnega nadomestka
- 2 žlici masla, zmehčanega
- ⅓ skodelice moke
- 3 žlice sladkorja
- 1 čajna žlička vanilije
- 3 žlice pol-pol ali mleka
- 2 žlici mavričnega posipa
- 1 skodelica sladkorja v prahu
- 2-3 kapljice rožnate ali rdeče jedilne barve

NAVODILA:
a) V skledi zmešajte jajčni nadomestek, maslo, moko, sladkor, vanilijo, 2 žlici pol in pol in 1 žlico mavričnega posipa.
b) Postavite v dodatno skodelico.
c) Pecite v mikrovalovni pečici 60 sekund, obrišite vse testo, ki so mehurčki nastali čez rob, nato pa se vrnite v mikrovalovno pečico za dodatnih 30 sekund.
d) Odstranite torto in jo postavite v hladilnik.
e) Medtem ko se ohlaja, zmešajte sladkor v prahu, 1 žlico pol in pol in jedilno barvo.
f) Pokapljamo po rahlo topli torti.

98. Bučni angleški mafini

Naredi: 1 SERCIJO

SESTAVINE:
- ¼ skodelice moke iz indijskih oreščkov ali mandljeve moke
- 1 žlica kokosove moke
- ¼ čajne žličke sode bikarbone
- ¼ čajne žličke začimb za bučno pito
- ščepec košer soli
- 1 jajce
- 2 žlici bučnega pireja
- 2 žlici nesladkanega mandljevega mleka

NAVODILA:
a) V skledi zmešajte moko, sodo bikarbono, začimbe in sol.
b) Dodajte jajce, bučo in mleko ter mešajte, dokler se dobro ne poveže.
c) Ramekin namažite s pršilom za peko.
d) Testo prenesite v pekač, pogladite vrh in ga približno 2 minuti postavite v mikrovalovno pečico, dokler se ne napihne in se sredina strdi.
e) Odstranite iz ramekina, prerežite na pol in popecite.

99. Čedar in zeliščni biskvit

Naredi: 1

SESTAVINE:
- 4 žlice večnamenske moke
- ½ čajne žličke pecilnega praška
- ⅛ čajne žličke soli
- ½ žlice hladnega masla
- 3½ žlice mleka
- 2 žlici cheddar sira, naribanega
- 2 žlički sesekljanih zelišč

NAVODILA:
a) V skodelici za mikrovalovno pečico zmešajte moko, pecilni prašek in sol.
b) Z vilicami v suhe sestavine vtremo narezano maslo.
c) Mešajte mleko, sir in zelišča, dokler mešanica ne nastane testo.
d) Pecite v mikrovalovni pečici približno 1 minuto.

100. Špagetna pita

Naredi: 4 porcije

SESTAVINE:
- 8 unč blagih ali pekočih italijanskih klobas
- 2 skodelici narezanih gob
- 1 čebula, sesekljana
- 1 strok česna, drobno sesekljan
- 1½ čajne žličke posušenega origana
- 2 skodelici paradižnikove omake za testenine
- 2 skodelici cvetov brokolija
- 3 skodelice kuhanih špagetov ali drugih nizatih testenin/6oz nekuhanih
- 1½ skodelice naribanega delno posnetega sira mocarela

NAVODILA:
a) Pečico segrejte na 350 stopinj Fahrenheita.
b) Meso klobase kuhajte v ponvi na srednje močnem ognju 4 minute, pri čemer ga razdrobite z leseno žlico, ali dokler ni več rožnato.
c) Tekočino precedite skozi cedilo, da odstranite morebitno maščobo. Lonec vrnemo na štedilnik.
d) Mešajte gobe, čebulo, česen in origano 3 minute ali dokler se zelenjava ne zmehča. Pokrijte in kuhajte 10 minut z omako iz paradižnikove paste
e) Brokoli oplaknemo in damo v enolončnico s pokrovom.
f) Pecite v mikrovalovni pečici 2 do 212 minut pri visoki temperaturi ali dokler ni svetlo zelena in skoraj mehka. Po spiranju s hladno vodo odcedite.
g) Na krožnik za pito naložite špagete. Na dno pekača namažemo govejo omako, nanjo pa dodamo še brokoli in sir.
h) Pečemo približno 25 do 30 minut oziroma dokler se sir ne stopi.

ZAKLJUČEK

Skratka, kuharska knjiga za mikrovalovno pečico je obvezna oprema za vsakogar, ki želi poenostaviti svojo rutino kuhanja, ne da bi pri tem žrtvoval okus in hranljivost. S široko paleto receptov, med katerimi lahko izbirate, vam nikoli ne bo zmanjkalo idej za hitre in enostavne obroke. Od zajtrka do večerje, prigrizkov in celo sladic, v tej kuharski knjigi se najde nekaj za vsakogar.

Torej, vzemite posodo, primerno za mikrovalovno pečico, in se lotimo kuhanja! Z malo ustvarjalnosti in pravimi sestavinami lahko v hipu pripravite zdrave in okusne obroke. Upamo, da boste z veseljem preizkušali te recepte in odkrili številne prednosti kuhanja v mikrovalovni pečici. Veselo kuhanje!

www.ingramcontent.com/pod-product-compliance
Lightning Source LLC
Chambersburg PA
CBHW050022130526
44590CB00042B/1618